S. CAMBRAY

LAMARTINE

19 Octobre 1890

PARIS

LIBRAIRIE DES BIBLIOPHILES

Rue de Lille, 7

M DCCC XC

LAMARTINE

TIRÉ A PETIT NOMBRE

S. CAMBRAY

LAMARTINE

19 Octobre 1890

PARIS

LIBRAIRIE DES BIBLIOPHILES

Rue de Lille, 7

M DCCC XC

AVANT-PROPOS

E Centenaire de Lamartine, et l'appel de son pays à tous ceux qui ont gardé le culte du grand poète, nous ont inspiré le désir de lui consacrer quelques pages, non pas seulement d'admiration, mais de profonde sympathie.

Ces deux sentiments se confondent dans le cœur de tous ceux qui l'ont lu et qui l'ont aimé : — c'est seule et même chose.

N'est-il pas naturel qu'il en soit ainsi? En lui l'homme et l'écrivain ne se distinguèrent jamais l'un de l'autre, et sa plus belle poésie, comme sa plus haute éloquence, ne fut que la libre et sincère manifestation de son âme.

1.

Cette âme était tout son génie. Elle s'élançait spontanément vers les sentiments les plus élevés et se répandait sans efforts en improvisations intarissables. On aurait pu dire d'elle, en un mot, comme Mirabeau parlant de je ne sais plus quel personnage de son temps, que « Dieu l'avait créée dans un jour de magnificence » !

Mais tout se paye en ce monde. Par cela même qu'il avait été doué si richement et qu'il pouvait se prodiguer sous mille formes sans paraître s'épuiser jamais, il devait lui sembler plus difficile de concentrer ses forces en un point et de réaliser le beau absolu dans quelques œuvres.

Lamartine avait l'esprit trop généreux, le cœur trop expansif, pour se préoccuper avant tout d'une question d'art et de gloire personnelle. Il était persuadé que le génie, don de Dieu, impose à celui qui l'a reçu le devoir sacré d'en partager fraternellement les fruits avec tous les hommes, et qu'en cela consiste la meilleure part de sa gloire.

Sa confiance l'a-t-elle trompé? Nous ne le

pensons pas. En mêlant largement son âme à celle de son temps ne s'est-il pas assuré, en définitive, la plus réelle et la plus vivante des immortalités?

Sans doute les hommes des générations nouvelles, pour qui l'idéal semble s'être déplacé et qui cherchent en bas ce que leurs aînés cherchaient en haut, paraissent l'avoir momentanément perdu de vue; mais lorsque, fatigués d'abaisser leurs regards, ils les élèveront de nouveau vers la lumière, ils apercevront le poète dans les hauteurs où il continue de planer, et, s'ils veulent remonter, il les y aidera.

Quant à nous qui l'avons connu, pour qui il a été le chantre aimé des belles années et dont la haute amitié est le souvenir le plus ennoblissant de notre vie, payons-lui, autant qu'il est en nous, le tribut de notre reconnaissance. En retour il nous rendra, momentanément au moins, notre jeunesse et ses meilleures illusions.

Son pays nous y convie. Il ne veut pas laisser périr son nom ni prescrire sa mémoire, qui font partie de son patrimoine. Il a bien raison,

car entre eux les liens furent trop étroits et trop
chers pour se rompre jamais.

Le poète a puisé dans sa terre natale la sève
de ses sentiments les plus forts, de ses inspira-
tions les plus saines, et ce qu'il en avait reçu, il
le lui a rendu en lui consacrant ses plus beaux
vers. C'est là qu'il eut le foyer de ses premières
affections et qu'il fit amitié avec la nature.
C'est là qu'il repose au milieu des siens.

Et, de son côté, son pays sait que le culte du
passé est le gage le plus assuré de l'avenir, et
que les cendres des glorieux ancêtres sont la
semence la plus féconde de générations nouvelles.

LAMARTINE

I

AMARTINE n'est pas de ceux que leur temps a créés de toutes pièces à son image, et qui en sont sortis tout prêts à répercuter fidèlement ses idées, ses sentiments, ses passions.

On pourrait presque affirmer que, lorsqu'il naquit à la vie intellectuelle et morale, rien en France ne répondait à ses penchants, à sa nature, et qu'il eut à lutter avec toutes les influences extérieures avant de pouvoir se découvrir et s'affirmer lui-même. Heureuse circonstance du reste, car elle devait donner plus de personnalité à son talent, plus de fermeté à sa pensée, qui peut-être, sans cela, auraient eu trop d'inclination à ondoyer et à flotter dans le vague du rêve.

Sa première jeunesse coïncida avec l'époque glorieuse, mais absolue et oppressive, de l'Empire. Un seul homme emplissait tout de sa pensée, et la parole était au seul canon.

Quelles impressions pour une jeune âme ouverte à toutes les sympathies, en qui sommeillait encore une poésie inconnue, et à laquelle il eût fallu le calme pour se recueillir et un public attentif pour écouter et pour encourager ses premiers chants !

Tout le refoulait en lui-même, et, tandis qu'autour de lui une génération élevée dans

le tumulte de la politique et des camps
n'était avide que de luttes et d'aventures de
guerre, il dut, pendant des années, se recueillir, se réfugier dans la nature, se concentrer au foyer paternel, et vivre des affections chères et saintes de la famille.

La littérature du temps, elle-même, qui
aurait été son aliment naturel et sa conso-
lation, ne répondait guère mieux à ses aspirations intérieures. Il y avait bien, parmi les
contemporains, deux noms qui éveillaient
ses sympathies : ceux de Chateaubriand et
de Mme de Staël. Il y avait bien encore dans
la bibliothèque de son père les œuvres de
J.-J. Rousseau et de Bernardin de Saint-
Pierre, en qui il sentait les premières vibrations de sa propre poésie. Mais la poésie
de son temps, mais les vers, qui eussent été
sa langue naturelle, le laissaient indifférent,
car ils sonnaient le faux et le creux à son
oreille.

C'était en général une poésie froidement

didactique, et qui paraissait plus glaciale encore par le voisinage d'une brûlante épopée; c'était une poésie élégiaque plus fade par le contraste du monde en armes. Certes ce n'était pas celle qu'il lui eût fallu pour exprimer son rêve intérieur; mais, quant à celle-là, il avait la glorieuse et difficile mission de la créer.

En attendant qu'elle fût née, il écrivait toujours des vers à l'imitation de ceux du jour, et il composa ainsi, nous dit-il, deux volumes d'élégies dans le genre de Tibulle et de Properce. Mais, lorsque son recueil fut composé et qu'il le relut, il fut pris de honte et de dégoût pour cette poésie factice et sensuelle. Il la jeta au feu, et il passa huit ans sans écrire un seul vers.

Ces années ne furent pourtant point perdues pour l'avenir du poète. Il les consacra, non pas à méditer un poème ou à polir des vers, mais à de longues rêveries, à des voyages, à quelques aventures de jeunesse et à des contemplations muettes de la nature.

Il ne fallait rien moins que ces loisirs pour laisser germer lentement en lui la poésie inconnue qui y sommeillait encore. Mais ce n'était pas assez de ces songes et de ces vagues impressions pour lui donner le suprême essor.

Il écrivait bien, de temps en temps, quelques vers, quoi qu'il en ait dit, et ces vers avaient le nombre et l'harmonie; mais il y manquait encore le trait de feu qui les fît vivre et palpiter dans tous les cœurs; il y manquait enfin le sentiment vainqueur qui est l'inspiration suprême du poète.

Une fois pourtant, à Naples, il avait cru sentir l'amour; mais ce n'était que son mirage, embelli par la splendeur du ciel et de la mer, à peine un premier frisson du cœur, auquel il a prêté plus tard, par le souvenir, en le chantant dans le *Premier Regret,* en le racontant dans *Graziella,* la sensibilité vraie et l'émotion sincère qui lui avaient peut-être manqué.

A cette époque lointaine, il était encore le jeune dieu, beau et invaincu, qui se laisse adorer, mais qui, en dépit de lui-même, garde toute la sérénité de son âme.

Cependant le jour approchait où il allait rencontrer la femme qui devait frapper son imagination, émouvoir son cœur, et, comme d'autres sont subitement illuminés d'en haut par la foi, allait allumer en lui la religion de l'amour.

Il a raconté dans *Raphaël* cette défaite victorieuse qui changea sa vie. Il a mis dans ce récit peut-être trop de la richesse d'imagination et de l'art consommé de son âge mûr, au lieu de lui laisser l'émotion vraie et la passion naïve de sa vingtième année.

Mais à ce moment il aima! L'amour fut la flamme qui illumina son cœur, le charbon ardent qui purifia ses lèvres de toute poésie factice, et, ce qui ajouta à cet amour un ca-

ractère sacré, c'est que la mort vint bientôt
le consacrer et pour ainsi dire le sanctifier
dans l'âme pieuse du jeune poète.

L'amour que l'on inspire sans le partager
gonfle et dessèche le cœur; l'amour que
l'on éprouve l'attendrit et le féconde; l'a-
mour que l'on perd le brise, — mais c'est
pour en faire jaillir ce qu'il contenait de
meilleur.

Lamartine avait été sincèrement ému; il
avait souffert; il avait pleuré... Maintenant
il pouvait chanter!

II

Un soir du mois de septembre 1819, au coucher du soleil, il monta sur la colline qui dominait la maison de son père, à Milly. Il avait perdu, l'année précédente, la personne qu'il avait aimée. Il se sentait seul en ce monde, et, comme il arrive souvent à vingt ans, sa vie lui semblait finie. Dans ce moment de recueillement et de tristesse il céda à une effusion du cœur. Parcourant du regard tous les objets chers à sa jeunesse qu'il avait sous les yeux, il s'écria :

Un seul être vous manque, et tout est dépeuplé !

Il écrivit sur une feuille de papier blanc :

L'Isolement, cette première de ses méditations, et il crayonna quelques strophes qu'il rapporta avec émotion sous le toit paternel. Il sentait qu'il avait enfin trouvé l'accent vainement cherché depuis longtemps et qu'une poésie neuve était née en lui.

A quelque temps de là il voulut tenter, non le goût du public, dont il se méfiait encore, mais la sympathie de quelques amis; il fit imprimer cette pièce à vingt exemplaires et la leur distribua.

D'autres pièces s'ajoutèrent successivement à la première. Elles étaient pour la plupart dans le même sentiment mélancolique et tendre. Il y joignit des vers précédemment écrits, car il n'avait probablement pas tout brûlé, et le père avait dû obtenir de l'écrivain grâce pour quelques-uns. Mais une douzaine de morceaux nouveaux suffisaient pour donner le ton au volume entier et pour communiquer l'émotion à tout le reste.

Ces pièces, dans la nouvelle manière, étaient des impressions et comme des aromes de la terre natale ; c'étaient des souvenirs du foyer et des affections de la famille ; c'étaient les ivresses, les regrets et les larmes, tout ce qu'il avait recueilli comme de pieuses reliques d'un amour perdu ; c'était surtout *le Lac,* qui fut tout de suite adopté par tous comme la plus idéale et la plus parfaite de ses créations, comme celle qui suffirait, quand tout le reste aurait péri, à le faire revivre dans la haute mélancolie et dans l'harmonie enchanteresse de ses vers ; œuvre parfaite que l'humanité ajouterait sans hésiter au trésor des purs chefs-d'œuvre qui sont les archives de l'esprit humain, et dont rien ne doit plus mourir !

Que lui avait-il fallu pour paraître un créateur et un rénovateur en poésie? Il n'avait point imaginé de nouveaux procédés d'art, ni même songé à conquérir la popularité en se rattachant à l'école romantique, et en exagérant encore ses outrances. Non; il avait tout simplement cherché ce qui renouvelle et revivifie toute littérature épuisée : il s'était cherché lui-même dans la sincérité de son cœur. Il avait senti et il avait exprimé ce qu'il sentait. Au lieu d'une lyre à sept cordes de convention, il avait tiré des accents nouveaux des propres fibres de son cœur. Aussi a-t-il pu dire avec vérité : « Je n'imitais plus personne; je m'exprimais moi-même pour moi-même. Le public entendit une âme sans la voir. Il vit un homme au lieu d'un livre. Depuis J.-J. Rousseau, Bernardin de Saint-Pierre et Chateaubriand, c'était le poète qu'il attendait. »

Lorsque parut ce petit livre des *Méditations*, l'effet en fut immense; non pas à la manière d'un coup qui éclate, mais d'une émotion profonde qui retentit dans les âmes et qui se propage.

C'est qu'aussi non seulement un poète

nouveau venait de naître, mais que, depuis quelque temps déjà, un public lui était né, qui l'attendait, dont le cœur lui répondait d'avance et battait à l'unisson du sien.

La société, qui lui avait paru, au commencement du siècle, si froide et si indifférente à toute poésie, avait bien changé depuis quelques années.

L'Empire était tombé et avait laissé après lui un silence et un vide immenses. La France semblait écrasée sous le poids de ses revers, mais son âme n'était pas morte, au contraire. Elle voulait renaître et aspirait à des conquêtes d'un genre nouveau. Son ambition n'était plus d'asservir les peuples, mais de lutter avec eux sur un autre terrain et de remporter des victoires pacifiques par ses travaux intellectuels et par ses arts.

Les jeunes gens et les femmes surtout, « ces précurseurs de tout avenir », attendaient avec impatience le poète de leurs rêves. Aussi dès que parurent les *Médita-tions,* tous reconnurent leur idéal.

Dès le lendemain de la publication, les salons ne redisaient plus que le nom de leur auteur. Jamais célébrité ne fut plus soudaine et ne vola plus rapidement sur les ailes de quelques strophes. Le jeune poète, sortant tout à coup de sa solitude et de son obscurité, dut se sentir soulevé par ce flot de sympathies, et il aurait sans doute subi l'ivresse de ces acclamations si douces et si flatteuses, mais il fut presque tout de suite arraché à son triomphe.

Le roi Louis XVIII, dont le goût litté-raire était délicat et « en qui il y avait de l'Auguste », se fit lire ces jeunes vers ; il y vit la promesse d'une décoration pour son règne et voulut s'attacher le poète.

Deux jours après, sur la proposition de M. Pasquier, il signait la nomination de son jeune garde du corps à un poste diploma-tique en Italie, comme le premier Consul avait nommé Chateaubriand secrétaire d'ambassade à Rome au lendemain de la publication du *Génie du Christianisme*.

III

Les années qui s'étendent depuis le départ de Lamartine pour l'Italie jusqu'à la révolution de 1830 constituent la période la plus heureuse de sa vie.

Comme il l'a dit lui-même, il avait passé le cap des tempêtes que tout homme doit passer dans sa jeunesse, avant d'arriver à ces espaces calmes et lumineux de la vie où l'on goûte quelques années de sérénité. Il était marié, il était père, il habitait l'Italie, « cette seconde patrie de ses yeux et de son cœur »; tous ceux qui lui étaient chers vivaient encore et multipliaient son bonheur en s'y associant. Et non seulement tout s'était arrangé pour le mieux dans sa vie, mais son talent de poète, sans lequel il ne pouvait y avoir pour lui de félicité complète, avait atteint son plus haut degré d'épanouissement et brillait dans toute l'abondance et la splendeur de son été.

Les sujets ne manquaient pas à sa poésie ; ils étaient partout autour de lui et en lui : soit qu'il parcourût les sites lumineux de l'Italie, qui sont la joie et l'illumination de ses yeux ; soit qu'il rêvât sur ses monuments,

> Où l'histoire du monde est écrite en ruines ;

soit qu'il revînt parfois dans son pays natal et au milieu des siens, où il a laissé le meilleur de son cœur et où sont toujours pour lui les sources les plus vraies de la poésie. Car, lorsqu'il décrit les paysages les plus célèbres par leur beauté, il est obligé d'ajouter : « ... Et mon cœur n'est pas là ! » Tandis que, s'il revoit la terre natale, la montagne aride et l'humble toit de son père, il s'écrie malgré lui : « ... Et c'est là qu'est mon cœur ! »

Mais il y a dans les *Harmonies* un sentiment qui domine tout le reste, il y a une inspiration supérieure en laquelle toutes les autres vont confluer comme les fleuves dans un grand lac limpide où le ciel se reflète : c'est le sentiment religieux.

Lamartine n'avait l'âme ni ingrate ni stérile. Le bonheur qu'il éprouvait, son génie dont il jouissait dans toute sa plénitude, il en reporta la bénédiction vers Celui d'où découlaient, pour lui, tout bien et toute harmonie en ce monde.

Il a dit : « Il y a des âmes chez lesquelles la piété est un fruit des larmes. Il y en a d'autres chez lesquelles l'adoration est un parfum d'été qui s'exhale dans les rayons de joie. Je suis de ces derniers. La douleur me crispe et me rend silencieux et stérile ; le bonheur me féconde et m'invite à me répandre en reconnaissance et en cantiques. »

Il ne faudrait pas croire cependant que ce sentiment religieux procédât chez lui d'une foi absolue et sans nuages. Il avait aussi ses doutes, ses anxiétés, et il se posait par moments ces questions redoutables qui font chanceler les esprits les plus fermes, mais après lesquelles il reprenait, lui, son égalité d'âme et son aplomb moral, comme ces hautes tours dont les oscillations passagères démontrent d'autant mieux leur parfait équilibre.

Il a voulu, une fois au moins dans sa vie, donner une libre expansion à ce flot tumultueux qui grondait parfois dans sa poitrine. Dans une pièce immense des *Harmonies* qu'il a appelée *Novissima Verba*, sans doute pour indiquer qu'elle renfermait ses aveux suprêmes, il a donné, en une nuit de fièvre, un libre cours à ces accents désespérés. Il a regardé en face les grands problèmes de la nature et de la vie. Jamais il ne fut plus

éloquent, et il a eu raison de dire que ce
sont « les vibrations les plus larges et les
plus palpitantes de sa fibre de poète et
d'homme ».

Et cependant, s'il y avait une conclusion
à cette vaste interrogation, qui reste sans
solution et sans réponse comme la vie elle-
même, ce serait encore une affirmation reli-
gieuse. Il y jette bien un défi à la Divinité
insondable, mais ce n'est pas au nom de
son incrédulité, c'est au nom de sa foi
inébranlable en une justice éternelle, et, fort
de l'instinct de sa conscience, il s'écrie :

Dieu serait-il ingrat quand l'homme est magnanime?

Par son caractère dominant l'œuvre de
Lamartine n'était pas seulement le reflet
d'une âme, mais d'une époque.

La France, elle aussi, se sentait heureuse, en dépit des efforts des partis, et la
sérénité de son esprit se reflétait en toutes
choses. Elle espérait, après tant de luttes

et d'épreuves, avoir réalisé la paix et l'unité nationales. Elle caressait l'illusion d'avoir réconcilié la royauté avec la liberté, la philosophie avec la religion, le passé et l'avenir. Beau moment où les plus grands esprits, — je ne parle ni des fanatiques ni des sectaires, — semblaient s'être rencontrés dans ces hauteurs sereines; où Chateaubriand était à la fois royaliste et libéral; où Victor Hugo, tout en se livrant aux jeunes audaces de son talent révolutionnaire, chantait en même temps le trône et l'autel; où Lamennais, déjà bouillonnant de passion et d'ardeur, était encore prêtre et croyant; où tous, enfin, espéraient avoir conquis la patrie commune des principes et des croyances.

Lamartine eût été le barde inspiré d'une telle époque, et il aurait chanté l'hymne sans fin de l'harmonie et de la réconciliation universelles. Lui aussi, à ce moment, atteignait les sommets de son existence et de son talent. Sa carrière littéraire, que les passions politiques n'avaient pas encore traversée, était à son apogée, et l'avenir conforme à ses vœux s'ouvrait largement devant lui : il publiait les *Harmonies* et il allait entrer à l'Académie. Mais ces époques d'accalmie ne sont que des instants rares et fugitifs dans la vie des individus comme dans celle des peuples.

En quelques mois Lamartine perdait sa mère, qui était le témoin nécessaire de ses succès et qui devait manquer désormais à tous ses triomphes. La révolution de Juillet éclatait, emportant de nouveau la monarchie héréditaire. La France et le poète étaient lancés en même temps dans de nouvelles épreuves.

IV

La révolution qui renversait le gouvernement conforme à ses opinions, et qui brisait
son avenir diplomatique à peine entrevu,
aurait pu, tout en consternant l'homme
privé, devenir favorable au poète en le faisant rentrer dans la solitude, sa meilleure
inspiratrice, dans le cercle étroit de ses affections, dans le recueillement de ses pensées, et en le forçant à se concentrer tout
entier dans sa glorieuse carrière.

Mais il ne devait pas en être ainsi pour
Lamartine. Son génie avait trop d'ouver-
ture, son cœur trop d'expansion, pour qu'il
se consacrât à sa gloire personnelle au mi-

lieu des agitations de la patrie. Il éprouvait le besoin de partager la vie commune, de s'identifier aux espérances et aux angoisses de tous. D'un autre côté, il sentait en lui des facultés trop diverses et toutes prêtes pour la vie publique : compréhension large et prompte des événements, éloquence vibrante qui grondait dans sa poitrine, impatiente de se répandre, pour ne pas se lancer bientôt à travers les luttes des partis.

Pour s'excuser de l'infidélité qu'il allait commettre envers la poésie, il se donnait pour raison qu'il n'avait jamais pensé qu'elle dût remplir et absorber la vie d'un homme. « Chanter n'est pas vivre, disait-il, c'est se délasser ou se consoler par sa propre voix. La poésie ne m'a jamais possédé tout entier. Je ne lui ai donné dans mon âme et dans ma vie que la place que l'on donne au chant dans la journée : des moments le matin, des moments le soir, avant et après le travail quotidien. »

Le travail sérieux et nécessaire de la vie, c'était, selon lui, de s'occuper, pendant les années graves et réfléchies, des affaires publiques et des grands problèmes sociaux qui, à certains moments, s'imposent à l'humanité. Or on était, pensait-il, à une de ces heures décisives où chacun doit apporter sa pierre et son ciment à la reconstruction de la cité ébranlée.

Cependant, pour tout concilier, il rêvait de donner quelques années seulement à la politique active, après quoi il reviendrait pour toujours à la poésie. « La pensée politique et sociale qui travaille le monde intellectuel, et qui m'a toujours fortement travaillé moi-même, m'arrache pour deux ou trois ans, tout au plus, aux pensées poétiques et philosophiques que j'estime à bien plus haut prix que la politique. »

C'était croire que l'on peut faire la part des passions comme on fait celle du feu. C'était méconnaître l'expérience, qui prouve que la politique en particulier ne lâche plus l'homme dont elle s'est une fois saisie, et cela, non pour les délices qu'elle lui procure, mais au contraire pour les souffrances et les déceptions dont elle l'abreuve, et ne le rend plus que mort ou vaincu.

L'ambition généreuse de Lamartine en entrant dans la vie politique était de ne s'inféoder à aucun parti, mais de se jeter entre eux tous comme un pacificateur, afin de les faire monter avec lui dans les sphères supérieures où les hommes de bonne volonté et de bonne foi peuvent se rencontrer et se donner la main.

Aussi quelqu'un lui demandant, à son entrée dans la Chambre, sur quel banc il allait siéger, il répondit : « Au plafond ! » C'était sa place naturelle à lui dont le regard aimait les larges horizons, et dont l'éloquence aspirait à répandre non l'ardeur des combats, mais l'esprit de concorde. Seulement il dut s'apercevoir bientôt que, lorsqu'on ne se mêle pas aux passions des partis, on conserve peu d'action sur eux, et que, lorsqu'on plane de trop haut au-dessus des questions du jour, on s'expose à paraître un esprit chimérique ou rêveur.

C'est l'effet qu'il produisit d'abord sur un grand nombre de ses collègues. On écoutait son noble langage, on applaudissait à ses paroles harmonieuses comme à un bel objet d'art ; après quoi on retournait à ses divisions et à ses luttes.

Du reste, ses fonctions de député ne l'absorbaient pas tellement qu'il ne pût revenir de temps en temps à ses occupations littéraires et publier de belles œuvres qui prouvaient que la politique n'avait encore ni desséché son imagination, ni tari en lui les sources de la poésie. C'est ainsi qu'il donna successivement *Jocelyn,* ce poème romanesque et sentimental qui lui ramena les sympathies de la jeunesse, *les Recueillements* et *la Chute d'un ange,* derniers et larges épanchements de sa veine poétique.

C'est ainsi encore qu'il entreprit et qu'il écrivit son *Voyage en Orient,* dans lequel il lutta par le faste de ses dépenses et par la richesse de ses descriptions avec cette contrée pleine de rêves et de merveilles.

Seulement, il y compromit pour toujours sa fortune, et il en rapporta un deuil qui devait assombrir le reste de son existence. Il y perdit sa fille, et, si ce ne fut pas la première perte cruelle qu'il éprouva, ce fut celle qui dut consterner le plus son cœur, parce qu'elle lui paraissait contre nature. Perdre une mère, c'est ensevelir le passé; perdre un enfant unique, c'est voir s'anéantir l'avenir et le but même de sa propre existence.

V

Lamartine était entré dans la vie politique plein d'illusions et de généreuses pensées ; mais il n'avait pas tardé à reconnaître que ce ne sont point les luttes des partis, ni les discussions au jour le jour, qui peuvent résoudre les grands problèmes imposés à l'humanité, que la tribune d'une Chambre ne ressemble nullement à une chaire de vérité, et que l'éloquence d'un seul est impuissante à former la raison publique.

Sur quel terrain fallait-il donc se placer pour instruire les hommes et faire sortir pour eux la sagesse des passions mêmes qui les agitent ?

La poésie avait été la langue inspirée de

sa jeunesse, l'éloquence politique l'entraî-
nement de son âge viril ; il se dit que l'histoire, cette leçon que le passé donne sans
cesse à l'avenir, et dans laquelle l'humanité
peut apprendre la sagesse d'elle-même et
de sa propre expérience, devait être l'œuvre grave et réfléchie de son âge mûr.

Et, pour que cette leçon fût plus forte et
plus féconde, pour que le récit en fût plus
pathétique et réveillât l'attention de tous
les lecteurs, il choisit l'histoire de la Révolution française, ce grand drame national
toujours actuel, toujours palpitant, car il est
rempli des passions, des émotions, des espérances qui possèdent encore toutes les
âmes françaises.

Beaucoup d'historiens l'avaient racontée
déjà, en se plaçant aux points de vue les
plus divers, sans parvenir à en dégager la
philosophie et à en tirer des conclusions
définitives.

Thiers et Mignet semblaient avoir accepté

le fatalisme comme la seule explication possible d'événements si terribles et d'entraînements plus forts que les hommes. Si ce n'est pas celle qui satisfait le mieux la raison et la morale, elle a du moins pour elle la force écrasante des faits.

Au moment même où il allait prendre la plume, deux histoires paraissaient encore, tout enflammées de l'esprit révolutionnaire, et qui semblaient beaucoup moins l'œuvre d'historiens impartiaux que d'apologistes ardents et de sectaires : celle de L. Blanc écrite avec une austérité apparente, mais avec la rigidité tranchante d'un fanatique ; celle de Michelet, proclamée avec la foi intrépide d'un oracle et d'un visionnaire.

Lamartine, dans la loyauté et dans la haute impartialité de son esprit, eut certainement pour but de se placer entre ces théoriciens de l'absolu, et de maintenir contre eux les droits imprescriptibles de l'humanité et de la justice.

Il l'a fait dans une certaine mesure, et il n'a transigé nulle part avec le mensonge ni avec le crime. Il a raconté avec l'émotion et la pitié d'une âme humaine les belles morts et les héroïsmes cachés.

Et cependant s'est-il toujours assez défendu contre les entraînements du sujet? Est-il parvenu à se maintenir au-dessus des passions qu'il traversait? Il ne l'a pas cru lui même, car, sorti plus tard de la fièvre qu'il avait un moment partagée, et surtout instruit par sa propre expérience, acquise rapidement au milieu des agitations de son temps, il s'est livré à un examen impartial de son livre, et il a confessé, avec une noble franchise, les erreurs d'un moment qui l'avaient égaré et qui avaient fait fléchir la justice du juge.

Du reste, cette passion qui se mêlait à son récit, en dépit de lui-même, ne devait pas nuire à l'intérêt ni à la popularité du livre. L'opinion publique, si facilement inflammable sur ce sujet, s'exalta à la lecture de ces pages pathétiques où coulaient à pleins bords l'enthousiasme et la terreur, les larmes et le sang. Chaque lecteur se livrait avec une telle ardeur à ces émotions poignantes que, comme l'a dit une femme d'esprit du temps, si l'auteur lui-même était venu interrompre cette lecture par sa présence, il aurait paru presque un importun, tant on avait hâte d'arriver au dénouement.

De dénouement, il n'y en avait pas dans le livre, mais il allait en éclater un bien inattendu dans les événements.

Les passions que soulevait l'*Histoire des Girondins* prouvaient bien à quel point était surexcitée l'opinion publique toute prête à se jeter dans de nouvelles aventures. Cette crise était-elle provoquée par le malaise général, par des guerres longues et désastreuses, ou par une de ces entreprises illégales du gouvernement qui sont les causes les plus habituelles des révolutions?

Nullement. La prospérité était générale, et la paix régnait en Europe depuis vingt ans. Mais précisément l'opposition se servait de ces avantages comme de nouvelles armes : le bien-être, disait-elle, corrompait la nation, et la paix continuelle la blessait dans ses plus nobles instincts. Quant à la seule illégalité commise par le gouvernement, elle allait consister à se laisser renverser sans combattre. Mais son tort le plus irrémissible était d'avoir trop duré. On attendait des événements, sans savoir lesquels. « La France s'ennuie ! » s'écriait Lamartine, et la révolution de Février éclatait inopinément même pour ceux qui l'avaient provoquée, comme un orage subit dans un ciel serein, ou, comme il l'a dit encore à propos de l'envahissement de la Chambre le 15 mai, à la manière d'une « grande étourderie populaire ».

N'est-ce pas, du reste, le nom dont on pourrait appeler la plupart de nos révolutions?

VI

Lamartine avait eu trop d'action sur le mouvement de l'opinion dans les derniers temps pour ne pas être appelé à faire partie du Gouvernement provisoire auquel fut confiée la difficile mission de résister aux éléments anarchiques déchaînés, sans avoir aucune force publique à sa disposition, et, comme on disait alors, de faire « de l'ordre avec le désordre ». Ce fut l'expiation des imprudences qu'il avait pu commettre. Sa seconde punition consista à partager la responsabilité de cette rude tâche avec plusieurs hommes franchement révolutionnaires, et qui paraissaient ses coreligionnaires en politique, quoiqu'il fût loin de partager leurs opinions. La défiance mutuelle régnait dans les conseils du gouvernement, et l'anarchie n'y était guère moins grande que dans la rue.

Pendant plusieurs semaines, en attendant que le suffrage universel, ce vaste inconnu, eût parlé et que ses représentants eussent reconstitué une légalité nouvelle, la seule loi fut celle du salut public. Paris ressemblait à une mer houleuse et démontée, et c'était bien le moment où la malheureuse grande ville avait plus que jamais pour armes parlantes un vaisseau qui, par miracle, ne sombre pas, mais qui court sans cesse au-devant de nouveaux orages.

Chaque jour, à toute heure, il fallait être sur la brèche pour résister à l'émeute et pour la vaincre sans la combattre. Lamartine, pour sa large part, fut toujours à la hauteur de ce rôle difficile et parfois héroïque. Il le fut par son caractère, qui grandit et s'affermit au milieu des dangers ; par son éloquence, qui prit des accents plus mâles. Il le fut par l'énergie de sa résistance aux pressions du dehors, et, ce qui n'était pas moins difficile, en résistant, dans le sein du Gouvernement provisoire, aux théories fausses et dangereuses que quelques-uns de ses collègues émettaient pour flatter le peuple, et en compromettant ainsi sa propre popularité, qui était sa seule force. Il le fut lorsque ceux-là mêmes qui venaient de proclamer le suffrage universel voulant le subordonner au bon plaisir de Paris, il protesta énergiquement en faveur de la souveraineté de la nation et maintint l'indépendance de ses suffrages.

Il le fut surtout le jour où l'émeute, qui déjà était venue maintes fois battre les murs de l'Hôtel de ville, y fit irruption en brandissant le drapeau rouge, signe de ralliement de toutes les anarchies, et bientôt sans doute de tous les crimes, pour l'imposer à ce fantôme de gouvernement, et où Lamartine, s'élançant seul au devant du flot populaire et protestant contre ce sanglant insigne, au nom du salut et de l'honneur national, fit reculer l'émeute en lui opposant sa poitrine et se fit applaudir du peuple à force de le braver.

Il avait eu ce jour-là son heure incomparable : celle où le cœur de la France entière avait battu d'accord avec le sien et où il avait été aussi grand que sa mission.

Tel fut, dans sa carrière politique, le sommet du haut duquel il doit apparaître à jamais dans l'histoire ; mais, hélas ! à partir de ce jour il commença à redescendre la pente opposée, celle que n'éclairait plus qu'un soleil couchant et qui le conduisait aux profondeurs de l'isolement et de l'oubli.

Lamartine homme d'État eut pourtant encore un jour heureux, ce fut celui où les représentants de la nation étant enfin réunis, grâce à sa persévérance, il put leur

rendre compte de la mission du Gouvernement provisoire et reçut en particulier, dans
les applaudissements unanimes dont il fut
l'objet, la récompense de sa noble conduite
et la preuve de l'immense popularité dont
il jouissait dans la France entière.

Ce qui eût été profondément politique
de sa part, c'eût été de se retirer ce jour-là
même, en alléguant un besoin trop légitime
de repos, et d'aller se retremper pendant
quelques mois dans la solitude. La république était visiblement menacée de terribles épreuves, et aucun bras ne pouvait être
assez fort pour la retenir sur la pente où
elle glissait. Lorsque tous les hommes politiques du jour auraient suffisamment dé-
montré leur impuissance, Lamartine serait
sorti de sa retraite, n'ayant rien perdu de
son prestige, et il aurait apparu comme un
sauveur.

Mais il était trop loyal et trop sincèrement patriote pour se livrer à de tels cal-

culs et pour ne pas sacrifier son avenir aux dangers imminents du pays. Il eut la noble imprudence de conserver sa part éphémère de pouvoir. Il poussa même la candeur jusqu'à couvrir de sa popularité, au risque de la compromettre gravement, ceux de ses collègues qui avaient cent fois comploté sa chute. Mais le sacrifice qu'il faisait à la paix publique ne pouvait conjurer les crises prochaines.

Elles se précipitèrent rapidement jusqu'à la catastrophe du mois de juin.

Les ouvriers de Paris, dans un beau mouvement de patriotisme, avaient mis trois mois de misère au service de la république; mais ces trois mois étaient expirés, et le moment de la fatale échéance approchait. Les ateliers nationaux, utile mais dangereux dérivatif offert à tous les éléments de désordre, restaient un foyer de matières inflammables toujours prêt à faire explosion, surtout au moment où l'on essayerait de les dissoudre.

L'événement eut lieu au mois de juin et prit tout de suite les proportions d'une terrible insurrection. Pendant trois jours le canon tonna dans la ville comme un glas funèbre, et le combat ne cessait que pendant les quelques heures de ces nuits d'été, qui semblaient se faire plus courtes pour laisser plus de place à la guerre civile.

Paris sortit de cette bataille impie de tous les citoyens les uns contre les autres morne, lugubre, son pavé soulevé comme par l'éruption d'un volcan, aussi atterré de sa victoire que d'une défaite.

Quelle fin du beau rêve qui avait commencé quatre mois auparavant au milieu des cris de joie et des chants de triomphe ! Mais surtout quelle déception pour le poète, pour les espérances qu'il avait caressées, pour l'œuvre humanitaire à laquelle il s'était associé et qui périssait étouffée dans le sang !

Jetons un voile, — non celui de la honte,

mais celui de la tristesse et du recueillement, — sur ces dernières impressions, et
racontons brièvement les années pendant
lesquelles Lamartine allait encore vivre,
ou plutôt se survivre en ce monde.

———

VII

Ce n'est pas que nous trouvions les dernières années du grand poète et du grand citoyen moins honorables et moins instructives que les autres. Car, s'il y a quelque chose qui soit grand en l'homme, c'est l'épreuve noblement subie et courageusement acceptée. La gloire n'est jamais complète, le bonheur n'est jamais parfait; mais ce qui est sans limites, c'est la douleur qui grandit et l'expiation qui purifie.

L'humanité l'a si bien compris que ses héros les plus chers, ceux qu'elle s'offre en admiration et en exemple, elle se les représente, en général, non dans leur victoire et dans leur triomphe, mais dans leur épreuve et dans leur glorieux martyre : sur le rocher, sur le bûcher, sur la croix, où ils s'offrent à jamais à la piété des générations futures.

Lamartine, sans doute, ne nous apparaît pas en ces dernières années dans une attitude stoïque, comme un héros de l'antiquité luttant contre le destin ou se posant en victime résignée de l'adversité. Tout en lui était trop naturel et trop humain pour qu'il affectât des vertus étrangères à sa nature.

Il avait dit jadis, comme nous l'avons rapporté, qu'il était fait seulement pour le bonheur qui le dilatait, et donnait un libre cours à ses meilleurs sentiments, tandis que le malheur l'aigrissait et le rendait stérile. Mais il s'était calomnié et il prouva, quand le moment en fut venu, qu'il était capable de supporter la mauvaise fortune sans qu'elle fît jaillir un seul mauvais sentiment de son cœur. Il ne s'imposa pas un morne silence, il ne se déroba point dans la solitude, parce qu'il n'avait rien de honteux à cacher. Il se montra au contraire tel qu'il était, avec une noble et touchante franchise, en homme qui tient moins à imposer l'admiration qu'à mériter toutes les sympathies.

Jamais Lamartine ne devait avoir eu beaucoup d'ordre dans ses affaires privées, et, s'il se vantait parfois, avec un naïf orgueil, de posséder à fond les questions financières, il n'avait pas précisément manifesté ces connaissances dans sa manière de gérer les siennes. Son grand défaut, comme financier, était d'avoir toujours la main ouverte, et, des deux parties d'un budget bien équilibré, de n'entendre admirablement que la dépense.

La première cause de son malheur, c'est que, sans appartenir à une maison opulente, il avait toujours été le favori de sa famille, qui avait voulu donner une situation aussi belle que possible à celui qui devait jeter, un jour, un si grand éclat sur elle. Cette fortune le ruina.

Son ambition aurait été d'être un grand propriétaire terrien, moins riche d'argent que de sympathies, exerçant largement l'hospitalité sur ses terres et mettant son bonheur encore plus que son orgueil à être la providence des petits et l'ami de tous.

Lorsque la révolution de Février éclata, ses affaires étaient embarrassées depuis longtemps, mais il lui restait un capital qu'il pouvait considérer comme inépuisable : c'était son génie.

La révolution porta un coup mortel à ses intérêts, comme à ceux de tout le monde, et il en fut la première victime. Dans la grande crise financière qui en fut la conséquence, il pensa à sauvegarder la fortune de la France, il oublia la sienne, et, quand il se retrouva seul en face de la situation réelle, elle était devenue irréparable.

Il ne se découragea pas pourtant. Il essaya d'éloigner, sinon de conjurer, le désastre par un travail implacable. Il accepta cette servitude pour sauver sa liberté, et il cultiva sans honte les fruits de son génie, comme un héritier qui laboure de ses mains le fief de ses pères.

Attaché à cette glèbe, il publia en quelques années un nombre presque incroyable d'ouvrages. Outre *le Conseiller du peuple* et *le Civilisateur,* dans lesquels il essayait encore de faire entendre de loin au peuple la voix d'un ami, outre l'édition générale de ses œuvres accompagnée de commentaires, il écrivit l'*Histoire de la Restauration,* qui lui faisait revivre les belles années de sa jeunesse, et dix autres volumes dans lesquels la postérité verra moins l'œuvre de son génie que celle de son courageux labeur.

Et cependant, malgré cette lutte acharnée, il ne parvenait pas à dégager une situation si profondément compromise. Le cataclysme était imminent; rien ne pouvait plus le conjurer, et une dernière rafale allait emporter les restes de son patrimoine. Il se serait résigné pour lui-même à la pauvreté, car ses goûts étaient simples, et, au besoin, il aurait retrouvé en lui la sobriété du petit pâtre qu'il avait été, au milieu de ceux de son village. Son chagrin, c'était de voir vendre à l'encan le foyer paternel et disperser avec lui ses souvenirs et ses affections de famille.

Il ne restait plus qu'un salut possible : créer une publication littéraire périodique et faire appel comme souscripteurs à tous ses amis. Il aurait pu croire que c'était la France entière. Il retrouva les même fidèles; mais le grand public s'abstint, feignant d'être scandalisé de ce que l'homme pour lequel il avait professé jadis une si haute admiration descendait presque jusqu'à l'aumône. Il aurait pu se demander, peut-être, si la plus grande honte n'était pas pour lui-même.

Le moins humilié fut certainement Lamartine. Il méprisait assez l'argent et il en faisait un assez noble usage pour demander simplement le prix de son labeur. Il avait offert pour sa rançon jusqu'à la dernière parcelle de son génie. Que pouvait-on lui demander de plus?

Jadis il avait dit : « L'instrument de Dieu doit résonner jusqu'à ce qu'il se brise. » Il se brisa en effet, et un jour la nouvelle se répandit que Lamartine n'était plus. C'était, pour la France, presque la seule manière d'apprendre qu'il vivait encore.

VIII

Lamartine avait passé les dernières années de sa vie dans une villa du bois de Boulogne, où la ville de Paris lui offrait une hospitalité viagère, — seul témoignage de reconnaissance du pays envers l'homme qui, dans un moment de crise terrible, avait contribué pour sa large part à le sauver.

On pourrait mettre au nombre des rares bonheurs de ses derniers jours d'être mort avant l'envahissement de la patrie, avant le déchaînement de la guerre, lui le poète qui avait chanté la *Marseillaise de la paix*, et convié tous les peuples à la concorde.

A quelques années de là, un groupe d'admirateurs et d'amis, qui avaient honte pour la France d'un oubli si profond succédant aux transports de l'admiration, lui élevèrent, sous les ombrages d'un square voisin, une statue qui le représente dans une attitude familière et méditative, ayant à ses pieds son chien fidèle.

Par une étrange coïncidence, à peu de distance de là, dans une large avenue aboutissant à l'Arc de triomphe de l'Étoile, mourait, quinze ans plus tard, un autre poète, son rival, dont, par contre, la renommée n'avait fait que grandir, et dont l'astre remplit la fin du siècle de ses rayons, comme un soleil couchant qui paraît plus colossal à mesure qu'il approche de l'horizon.

On a comparé cent fois Lamartine et Victor Hugo. Il y aurait plutôt lieu de les opposer l'un à l'autre, car en eux rien ne se ressemble; tout, au contraire, est contraste dans leur poésie et dans leur art, mais ce contraste aide à les mieux comprendre.

Le premier, dont tout le génie était dans les mouvements spontanés de son cœur, dans les divinations soudaines de son esprit ; qui ne connaissait d'autre guide que la nature, d'autre science que l'inspiration du moment, d'autre art qu'une belle sincérité, servie par un instrument d'une merveilleuse harmonie ; dont, en un mot, un éminent critique, qui était en même temps un poète, avait pu dire :

Lamartine, ignorant qui ne sait que son âme !

mais dont l'ignorance superbe relevait la grandeur, car elle laissait couler plus librement le large fleuve de son éloquence et de sa poésie.

Et Victor Hugo, au contraire, qui fut, sinon le plus grand poète, du moins le plus puissant artiste du siècle, et peut-être de toute la littérature française. La belle et franche lumière qui éclairait jadis cette littérature, il la fit resplendir tout à coup de

couleurs flamboyantes, comme ces riches
verrières de nos vieilles cathédrales qui font
vivre les fidèles agenouillés dans un monde
féerique, tout peuplé de légendes merveil-
leuses.

Doué d'une puissance d'art extraordi-
naire, il pétrit la langue à son usage, ainsi
qu'un virtuose qui semble créer l'instrument
dont il se sert; et, parcourant comme l'orga-
niste tous les claviers de la parole, il en fit
sortir tour à tour les sons les plus suaves
et des bruits de tonnerre.

Œil visionnaire, comme il l'a dit, imagination gigantesque, il a tout concentré en
soi avec la puissance énorme d'un miroir à
la fois flamboyant et glacé, qui brûle sans
se consumer. S'il n'a pas tout éprouvé, il a
tout deviné, tout imité, tout rendu, même
la sensibilité et les larmes.

Son œuvre immense reflète, en les trans-
figurant, les climats et les siècles; mais deux
figures colossales dominent tout le reste :

dans la première moitié de sa vie, celle du grand Empereur, « lui, toujours lui! » dont l'image « obsède sa pensée », et qui lui apparaît sans cesse du haut de sa colonne

Seul! le jour dans l'azur et la nuit dans les astres;

puis, plus tard, le peuple, cet autre souverain, qui monte à l'horizon opposé, devant lequel il plie le genou comme devant un soleil levant, et auquel il consacre ses plus splendides hyperboles.

Aussi la nation, fascinée par sa propre image, s'est-elle adorée en lui, et les dernières années du poète ont-elles été de plus en plus radieuses. Rien n'a manqué à sa gloire ni à son bonheur, pas même d'être déçu dans l'attente de toute sa vie, c'est-à-dire dans l'espoir de posséder un jour la toute-puissance.

Il avait dit, ou il avait fait dire par ses amis, en 1848: Chaque révolution en France a son grand homme : la première a eu Mi-

rabeau ; la seconde a Lamartine ; la troisième aura Victor Hugo. Cette espérance,
si elle se fût réalisée, aurait été le tombeau
de toutes ses illusions. Le premier jour,
acclamé par tout un peuple, il lui eût pro-
mis toutes les félicités et toutes les gran-
deurs ; le second jour, il n'eût rien réalisé,
et, le troisième, le même peuple l'eût pré-
cipité aux gémonies.

Au lieu de cela, il fut porté en triomphe
jusqu'à l'Arc de l'Étoile, qu'il avait si souvent chanté et où « le géant de sa gloire »
pouvait, lui aussi, « passer sans se bais-
ser ». Il y eut sa veillée des armes, et de
là fut transporté, dans les bras d'un peuple
entier, jusqu'au Panthéon, où il aura bientôt
son monument s'élevant jusqu'au dôme, à
peine assez haut pour le contenir.

Quant à Lamartine, ses restes avaient été
reportés sans pompe dans son pays et dé-
posés au milieu des siens, dans sa terre
natale, berceau de toutes ses affections et

où il pouvait trouver le lit de repos le plus doux après les agitations de sa vie.

Tous deux avaient eu les funérailles qui convenaient le mieux à leur ambition comme à leur cœur, et la France avait prouvé une fois de plus comment elle sait apprécier ses grands hommes et partager son admiration entre ceux qui l'ont le plus flattée et ceux qui l'ont le mieux servie!

IX

Qu'il nous soit permis, en finissant, d'esquisser à grands traits l'œuvre de Lamartine et sa large part d'influence personnelle dans la vie littéraire et politique de son temps.

Nature supérieure, intelligence portée d'instinct à tout ce qui élève, ennoblit l'humanité, il fut l'ouvrier dévoué, le défenseur éloquent du progrès sous toutes ses formes.

Les aspirations innées de son âme, il les exhala d'abord par la poésie, cette voix naturelle et inspirée de sa jeunesse. Il exprima en vers harmonieux les sentiments les plus purs, les plus nobles, les plus religieux de l'âme humaine, et, comme il s'adressait à une génération éprise comme lui de l'amour du beau et de l'idéal, il la charma, la souleva sans peine au niveau de son enthousiasme, et il rencontra en elle d'intimes et ardentes sympathies.

Ce furent incontestablement ses plus belles années, et, pour son bonheur aussi bien que pour sa gloire, il aurait dû rester fidèle au culte de sa jeunesse. Mais, provoqué par les révolutions périodiques qui bouleversent la France, entraîné par les passions qui s'agitaient autour de lui, il fut jeté hors de ce monde enchanté ; il partagea les fièvres du dehors et ne revint plus à la poésie que dans ses heures de recueillement, c'est-à-dire les plus fécondes et les meilleures.

Son cœur était trop accessible à tout ce qui intéresse l'humanité, son intelligence était trop largement ouverte à toutes les

questions sociales, pour qu'il ne se sentît
pas ému et sollicité par les grands problèmes que notre siècle s'est posés et qu'il
doit résoudre au péril de son existence.

Et cependant Lamartine ne fut jamais un
de ces faiseurs d'utopies qui veulent rebâtir
le monde sur un plan nouveau, après avoir
fait table rase de l'ancien, et qui rêvent
de donner tout à coup, et tout d'une fois,
le bonheur parfait à l'humanité, par la seule
vertu de leurs désirs; à peu près comme
on souhaite aux malheureux toutes les félicités de l'autre vie, — pour se dispenser
de les aider en ce monde.

Il avait été élevé trop près de la nature;
il avait trop vécu des sentiments vrais du
cœur dans le cercle des amis et de la famille; il avait respiré trop largement les
grands souffles de la vie morale et de la
liberté, pour comprendre et pour admettre
une organisation sociale artificielle, dans laquelle l'homme ne serait plus qu'un rouage

faisant partie d'un savant mécanisme, et payerait un prétendu bonheur matériel du sacrifice des plus chers sentiments et des plus nobles attributs de son âme.

Il aurait préféré mille fois travailler au perfectionnement intellectuel et moral de l'homme, bien persuadé qu'il se conformait ainsi aux desseins providentiels, et que de ce progrès, source de tous les autres, sortiraient invinciblement l'ordre et l'harmonie dans l'univers.

Nous avons vu combien il rencontra d'obstacles et de déceptions dans la politique militante, et comment il finit par succomber sous l'écroulement de ses rêves.

Il se heurterait aujourd'hui à une barrière encore plus hostile et plus infranchissable : celle des croyances, ou plutôt des négations absolues de ce temps.

Il croyait à la spiritualité de l'âme, à son influence toute-puissante sur la civilisation et le progrès ; il croyait à la victoire progressive de la vérité et de la justice en ce monde, au but divin des destinées humaines.

Or, toutes ces croyances paraissent maintenant superstitions et chimères, quand on ne les taxe pas d'hypocrisie et de mensonge.

Selon ces nouvelles doctrines, l'homme n'obéit pas aux suggestions de sa conscience, il subit les fatalités de l'organisme et de la matière. La civilisation et le progrès ne sont pas l'œuvre de l'intelligence et de la liberté humaines, ce sont les produits inconscients et forcés des lois aveugles qui gouvernent le monde. Il faut, pour que l'humanité progresse et se développe, non pas que le meilleur exerce une influence salutaire sur les masses et les entraîne par la persuasion ou par l'exemple, mais qu'une impitoyable *lutte pour la vie* soit livrée entre les hommes comme entre les animaux farouches, et que le faible et le doux soient écrasés par le fort... ou le méchant, qui amélioreront la race.

Comment de telles croyances pourraient-elles s'accorder avec celles de Lamartine, avec sa poésie imbibée de tendresse et de pieuses espérances, avec sa philosophie d'où débordent la générosité, la pitié, l'idéal sous toutes les formes? Et voilà sans doute pourquoi ses œuvres paraissent momentanément délaissées.

Si Lamartine pouvait encore faire entendre sa grande voix, certes il rétorquerait facilement les doctrines de ses adversaires, et il pourrait même se servir de leurs propres arguments pour les combattre. Car que disent les savants de la nouvelle école? Que la race se développe et se perfectionne par la vie même; que les sens s'affinent par l'usage, et qu'un besoin constant serait capable de créer des organes nouveaux.

Pourquoi donc ce que peut faire un désir aveugle des sens ne pourrait-il être fait, dans un autre ordre de choses, par une volonté et par une aspiration constantes de l'esprit, de cette partie la plus active et la plus vivante de notre être? Pourquoi ce désir incessant de s'élever au-dessus d'elle-même par la victoire progressive de la conscience sur les instincts inférieurs ne pourrait-il, lui aussi, élever, perfectionner, transfigurer l'humanité?

Telle fut, dans tous les siècles, l'espérance et la foi invincibles du genre humain, et c'est pour cela qu'il a toujours regardé comme ses bienfaiteurs et comme ses guides les hommes supérieurs qui lui ont répété, sous toutes les formes, le *Sursum corda* qui le soutient dans la conquête progressive de ses destinées.

Lamartine fut un de ceux qui grandirent le plus le cœur humain et qui portèrent le plus haut le flambeau de la civilisation. Aussi, nous en avons la ferme conviction, le grand poète et le généreux philosophe n'est pas oublié pour toujours; mais, semblable à ces astres pour lesquels le temps n'existe pas, il sortira un jour de cette obscurité momentanée et rayonnera de nouveau dans notre ciel!

A PARIS

DES PRESSES DE D. JOUAUST

Rue de Lille, 7

M DCCC XC